NIÑAS CURIOSAS

Suricatos

Niñas curiosas

© del texto: Maria Núñez Gualda
© ilustraciones de: Cocijo W
© corrección del texto: Equipo BABIDI-BÚ

© de esta edición:
Editorial BABIDI-BÚ, 2024
Avda. San Francisco Javier, 9, 6ª, 23
Edificio Sevilla 2 - España
41018 - Sevilla
Tlfn: 912.665.684
info@babidibulibros.com
www.babidibulibros.com

Impreso en España
Primera edición: agosto, 2024
Segunda edición: diciembre, 2024

ISBN: 978-84-10412-24-8
Depósito Legal: SE 1728-2024

NIÑAS
CURIOSAS

María Núñez Gualda

Ilustrado por Cocijo W.

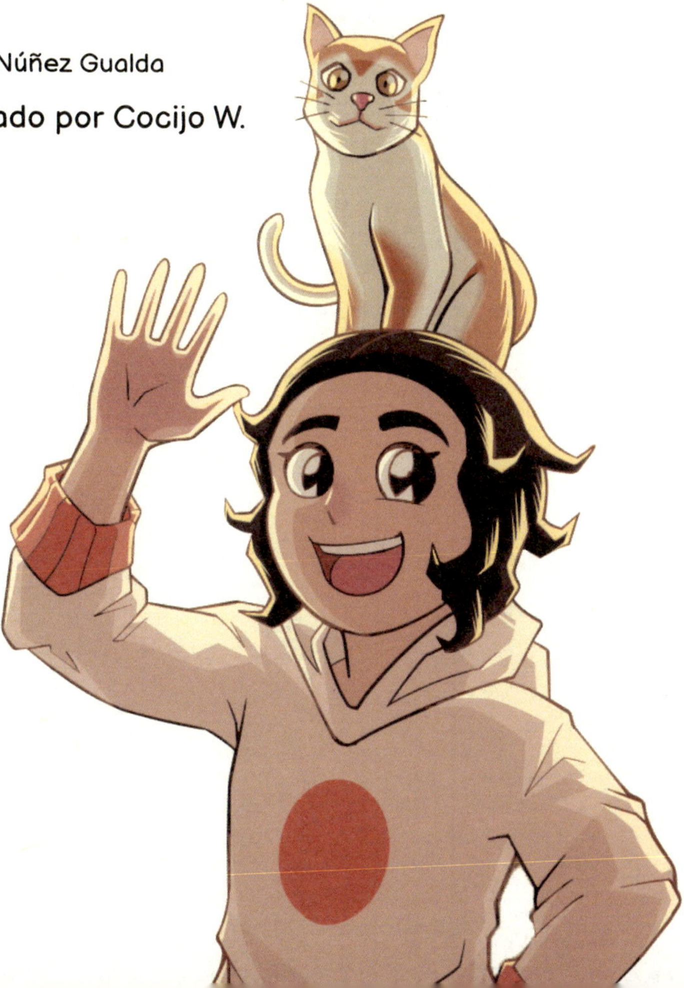

Cuando hace casi 30 años me decidí a estudiar Ingeniería, el comentario generalizado fue que porque no hacía mejor una carrera más de mujeres; como si una profesión tuviera género. Afortunadamente eso va cambiando, aunque muy despacio.

La ONU declaró en el año 2015, el 11 de febrero como Día Internacional de la Mujer y la Niña en la Ciencia, para animar a las niñas a elegir carreras profesionales relacionadas con las disciplinas STEM.

La mejor manera de involucrar e interesar a una niña en temas científicos es haciéndola partícipe, jugando y dejándola descubrir por sí misma; por eso, este cuento lo he escrito de la mano de mi hija Belén que va a cumplir nueve años. Ha sido muy divertido para las dos y he descubierto más sobre las cosas que le interesan, le intrigan y emocionan. Es muy importante tener referentes y gente que te apoye cuando afloran las dudas y las inseguridades. Todas somos capaces de conseguir lo que nos propongamos con esfuerzo e ilusión.

Para Belén, mi niña curiosa favorita, que de mayor quiere ser ninja y científica.

ÍNDICE

NIÑAS CURIOSAS

—¿La curiosidad mató al gato? —exclamó Belén—- No entiendo nada, mamá, mi gatito es muy curioso; pero ¿eso es malo?, ¿qué quiere decir?

—Jajaja, para nada es malo, tener interés y curiosidad por las cosas es muy bueno, eso te lleva a descubrir el mundo, a pensar y a aprender…

—Pues yo sigo sin entender lo del gato… —dijo frunciendo el ceño.

—No te preocupes por Leo. —El susodicho al oír su nombre levantó una oreja; pero enseguida siguió dormitando, nada iba a distraerlo de su momento favorito: la siesta—. No le va a pasar nada, es una expresión, una frase hecha, se usa para advertir a alguien de que algo no es de su incumbencia…

—¡Pues no me gusta nada! ¡Leoooo… gatitoooo… despierta!, ¿tú qué opinas?

Consciente de que no le iban a dejar dormir, Leo se estiró lentamente, bostezó y con sus elegantes andares, decidió que aquello no le interesaba lo más mínimo y se dirigió a la cocina.

CAPÍTULO 1

EL PORTAL DE LA CIENCIA

Aquel domingo era su noveno cumpleaños y no había pedido regalos, porque cuando cumplió ocho años recibió lo que más deseaba en el mundo: poder adoptar un gatito. En aquella ocasión sus tíos llamaron al timbre con Leo en brazos, y desde entonces eran inseparables: inventaban juegos, exploraban el jardín buscando insectos, hacían carreras, Belén le leía historias, le tiraba la pelota...; mientras respetase las horas de sueño del minino, él estaba siempre listo para jugar.

Ese día Belén se disponía a desayunar cuando llamaron a la puerta.

—¡Qué sorpresa! Ven, Belén, ha llegado un paquete para ti —le dijo su papá.

—¿Qué es? ¿Qué es? —exclamó nerviosa—. ¡Oh! ¡Es un juego de experimentos! ¡Vamos a hacer uno ya! ¡Leo! ¡Al desván! ¡A experimentar!

—Ten cuidado, por favor, lee bien las instrucciones…

En cuanto llegaron al desván, cerró la puerta y a toda velocidad abrió la caja. Contenía los objetos más variopintos; algunos de ellos tuvo que buscarlos en el manual de instrucciones. Allí habían: pipetas, probetas, una lupa, gafas protectoras, pinzas, jeringuillas, vasos y cucharas medidoras, bicarbonato, vinagre…

—Leo, aquí dice que, si ponemos agua en un tubo de ensayo, incorporamos cuatro cucharas medidoras de bicarbonato, mezclamos y añadimos con fuerza una jeringuilla con kétchup, ¡la mezcla se desbordará del tubo de ensayo como si fuese lava de un volcán! —explicaba mientras se ponía las gafas protectoras—. Aléjate un poquito, que no hay gafas gatunas. ¡Allá vamos! Volcán en erupción…

El gato observaba sin perder detalle moviendo la cola alegremente.

—¡Qué divertido! ¡Vamos a buscar otro experimento! —dijo mientras rebuscaba en la caja—. Un momento, ¿esto qué es?

Al fondo de esta había una bolsita transparente con estrellas de purpurina en su interior y también con una peque-

ña nota de papel: «LA CURIOSIDAD ES PARA LOS VALIENTES, ¿TE ATREVES?».

Miró con detenimiento la nota y revisó el sobre con su lupa, cogió las pinzas y cuando se disponía a abrirlo para inspeccionar más esas estrellas de colores pasó algo asombroso… ¡Salieron disparadas por la habitación! Quedaron suspendidas en el aire durante unos segundos; y de repente, empezaron a girar a toda velocidad, cada vez más y más deprisa. Belén miraba boquiabierta y Leo, paralizado, tenía todo el pelo erizado. Entonces se detuvieron y se convirtieron en polvo dorado, cayendo con suavidad sobre los muebles y el suelo.

—Atchís, pero… ¿qué ha sido eso? Bueno, a ver…, parece que estamos bien y que aparte de que todo está cubierto de polvos dorados no parece que haya grandes destrozos —dijo Belén aliviada—. Leo, ¿dónde estás?

—Estoy aquí, miauuu…

Belén no podía ni parpadear, no creía lo que acababa de escuchar; se frotó los ojos y los oídos, tenían que ser imaginaciones suyas.

—Ni que nunca hubieses escuchado hablar a un gato —dijo atusándose los bigotes—. No me he presentado formalmente, soy Leonardo, el gato del Renacimiento, un gato ilustrado y apasionado de la ciencia y de la vida, va todo unido… —dicho esto, decidió que era más interesante seguir lamiendo el polvo dorado de su pelito blanco y naranja.

—¡No me lo puedo creer! ¡Un gato parlante!

—Pues aún no has visto lo mejor…, mira detrás de ti…

Al volverse hacia la pared que estaba a su espalda, habían desaparecido las ventanas y en su lugar crecía una gran grieta, se estaba abriendo la pared…

—¡Bienvenida al portal de la ciencia!

CAPÍTULO 2

NIÑA CURIOSA: MARIE CURIE

Belén no dejaba de parpadear y hasta se pellizcó la mejilla, no daba crédito, pensaba que todo era un sueño.

—¡Vamos! No hay tiempo que perder, mi amigo Nicolai nos está esperando en Varsovia.

—¿Qué dices? Si estamos en un desván, ¿cómo va a ser eso posible?

—¡Ay, amiga, si estás hablando con un gato, todo es posible! —le contestó guiñando un ojo.

Al aproximarse a la abertura de la pared descubrieron un gran tobogán, Leo se acercó confiado; y dando un enorme salto empezó a deslizarse por él.

—Sígueme, no tengas miedo.

Estuvieron bajando y girando por el gran tobogán bastante rato, al principio Belén con un poco de miedo; pero pasados unos minutos empezó a disfrutarlo. ¡Qué divertido! No podían parar de reír.

—Ahora viene lo mejor, doble salto con tirabuzón hacia adelante —gritó Leo.

—¿Quééééé…? —No pudo continuar hablando, vio que el tobogán se acababa y que primero el gato y luego ella, ejecutaban un doble salto con tirabuzón hacia delante perfecto; como si fuesen dos expertos gimnastas, aterrizaron con delicadeza sobre un pequeño colchón de rayas que estaba tirado entre unos arbustos.

—Bienvenidos, soy Nicolai, descendiente del linaje del gato de Isaac Newton, que por si no lo sabéis fue un reputado físico e inventor; seguro que también desconocéis que fue el inventor de la gatera —dijo con cierto retintín un gato de pelo largo y color pardo tumbado al lado del colchón, en verdad era más parecido a un lince que a un gato.

—Déjate de rollos, Nicolai —le atajó Leo—. Le estamos muy agradecidos a Newton por la gatera, así podemos entrar y salir cuando nos plazca de las casas; pero vamos al grano...

—Eso, ¿qué os trae por aquí?

—Esta niña es Belén, mi mejor amiga, y como me acogió en su casa con mucho cariño y es muy curiosa, quiero demostrarle que eso es algo muy bueno.

—¡Ah! Ya lo entiendo todo, quieres que conozca a María…

—Efectivamente, pero no puede ir así por la calle, una chica en vaqueros por Varsovia en el año 1876 no pasaría desapercibida precisamente…

Belén miraba a un gato y miraba al otro, estaba siendo un día de emociones fuertes.

—Ay, Leo, gatito ignorante… ¡Lo tengo todo pensado! ¡Cuánto tienes que aprender del maestro del disfraz! —Mientras el gato-lince hablaba sacó de detrás de unas piedras una bolsa de tela, al abrirla vieron que contenía un extraño abrigo marrón, con el que cubrió a Belén hasta los pies y también contenía un exótico sombrero de paja con plumas de colores.

—Sigo pensando que lo mejor para pasar desapercibido son unas gafas de sol —suspiró Leo.

—¿Estás loco? Claro, claro, un gato con gafas, lo más normal del mundo, solo faltaría que me pidieses unas botas también. ¡Leo, el gato con botas! —Nicolai rio con ganas y Belén se unió a las risas, había que reconocer que aquel gato tan estirado era muy divertido.

—¡En marcha! —apremió Nicolai.

Belén salió de detrás de los arbustos no muy convencida de su atuendo, pero enseguida se le pasó, vio que estaban en un bonito parque, había mucha gente paseando, niños jugando y todos iban vestidos de forma similar, a excepción del sombrero, que no vio nada que se le pareciese. Aun así, se decidió a seguir a Nicolai, algo más confiada.

—¡Cuidado! —gritó Leo, un carruaje atravesaba la calle a toda velocidad.

Hasta ese momento, ella no se había dado cuenta de ese detalle: no había coches, la gente se desplazaba en carros tirados por caballos, tenía que andar con cuidado.

—¿Por qué la gente parece no escucharos? —preguntó intrigada.

—Somos gatos, no nos dan la importancia que merecemos; y como en su cabeza que hablemos es algo insólito, no pueden oírnos; solo tú, María y algunas curiosas más… —contestó Nicolai.

—¿Me vais a decir de una vez quién es María?

—Estamos llegando —maulló Leo—, calle Freta, número 16.

Una majestuosa edificación de tres plantas y pintada de gris claro se alzaba frente a ellos. La puerta estaba entreabierta y Nicolai se coló en la casa sin titubear; Belén y Leo no tuvieron más remedio que seguirlo a toda prisa, por miedo a que alguien los viese colarse en una casa ajena.

Estaba claro que aquellos gatos conocían a la perfección aquel lugar, porque cuando Belén llegó al vestíbulo, Nicolai había desaparecido y pudo ver la cola de Leo esfumarse tras una puerta; lo siguió sin saber a dónde iban y al llegar a una estancia, se dio cuenta de que era una gran biblioteca. Había estantes del suelo al techo abarrotados de libros. Durante unos segundos miró asombrada todos aquellos tomos y luego reparó en que junto a la ventana había una niña de su edad acariciando a Nicolai.

—Pero ¿dónde te habías metido, gatito? —exclamó, entonces descubrió al otro minino y a la niña del extraño sombrero de plumas que los acompañaba—. ¡Leonardo! ¡Qué sorpresa! ¡Cuánto tiempo sin verte! ¿Me presentas a tu amiga?

—Claro, ella es Belén —dijo con mucho bombo Leo—. Belén, esta es María Sklodowska, la niña más curiosa del mundo.

—María no tiene la suerte que tenéis las niñas de tu tiempo, ella no puede estudiar ni ir a un colegio como tú; pero gracias a que su padre es profesor de Matemáticas y Física; y su madre maestra y pianista, puede estudiar en casa junto a sus hermanos y leer todo lo que quiera en esta fantástica biblioteca —explicó Nicolai.

—Así es, Belén, las chicas lo tenemos muy difícil, si queremos ir a la universidad en este país tiene que ser de forma clandestina; pero eso no me detendrá, quiero aprender y hacer descubrimientos y también quiero trabajar en un laboratorio. Seguidme, os voy a enseñar lo que acabo de inventar. —Se levantó y se dirigió a una pequeña puerta que había junto a la ventana. Al otro lado estaba el dormitorio de María, una de las paredes estaba llena de papeles con números y extraños dibujos—. Aquí anoto todo lo que me parece importante, cualquier cosa: como puede ser cuánto mide este gatito —dijo acariciando a Nicolai— o cuántas cucharadas de azúcar lleva la tarta de chocolate. Todo lo que me interesa.

—¿Y qué es esa caja? —señaló Belén.

Junto a la cama, había una caja de madera, pintada con rayos de colores, parecía estar vacía por lo que podían apreciar desde donde se encontraban.

—Es el invento en el que estoy traba-
jando —contestó María alegremente, se
notaba que estaba muy entusiasmada con
aquello, fuese lo que fuese…—. ¡Nicolai!
Entra en la caja, por favor.

Sin hacer preguntas, de un salto, el minino se metió en la caja, entonces María
cogió su cuaderno y se puso a dibujar,
cuando acabó colocó el dibujo encima
de la caja cubriendo la abertura por donde había entrado Nicolai.

—Y aquí podéis ver el resultado —dijo
resuelta, apartándose—. Tachán…

—Has dibujado el esqueleto de un
gato…

—Así es, algún día inventaré una má-
quina que permitirá ver los huesos del
interior del cuerpo y así podremos saber
si están rotos, si están torcidos…, seguro
que será muy útil en los hospitales…

—Pero eso ya exis… ¡Ay! —Leo silenció a Belén con un mordisco.

—Pssss, Belén —le susurró—, en el año al que hemos viajado aún no existían las radiografías…

—Ahhh…

—Bueno, queridos amigos, creo que va siendo hora de marcharnos —dijo Leo alzando de nuevo el tono—. María, Nicolai, siempre es un placer; pero Belén y yo tenemos que continuar nuestro viaje… —dicho esto arrancó una pluma de color verde del sombrero de su amiga y la dejó caer al suelo, en el momento en que tocó el parqué, vibró toda la habitación, dejando a la vista en el suelo unos empinados escalones que giraban y se adentraban en el fondo de la tierra como una escalera de caracol.

—Esto es increíble… —musitó Belén, intentando asimilar lo que veía; pero Leo la empujó con su hocico hacia la escalera y cuando empezaban a bajar solo tuvo tiempo de decir adiós con la mano.

—¡Todo un placer! —alcanzó a oír a Nicolai.

—Pero Leo…, lo estaba pasando muy bien, ¿por qué tanta prisa?

—Pues porque tenemos muchos sitios que visitar antes de que tus padres se den cuenta de que no estamos en el desván; además, María no puede saber nada de su futuro, todo tiene que seguir su curso…

—¿Pero ella fue la inventora de la radiografía? —preguntó Belén sorprendida y casi sin aliento por la velocidad a la que estaban bajando aquella escalera que parecía infinita.

—Así es y llegó hasta donde ninguna mujer había llegado hasta entonces, ¡ganó dos premios Nobel! ¿Sabes qué son estos premios? Son los más ilustres del mundo académico, reconocen los grandes logros cada año en Química, Física, Medicina, Literatura… Ella consiguió estudiar en una universidad «flotante», que quiere decir que cambiaba de ubicación para que no descubriesen que ahí formaban a las chicas; como ella misma te ha contado, en Polonia no estaba permitido que las mujeres fueran universitarias. Más tarde se marchó a la universidad de París, con mucho esfuerzo y gracias al apoyo de su familia pudo terminar su carrera. Allí conoció a Pierre y cuando se casó con él, cambió su apellido por el de su marido (costumbre de la época), ¡convirtiéndose en la gran Marie Curie!

—Aaaaah, me suena mucho de clase…

—Claro, debe de sonarte, ella decidió investigar un misterio: otros científicos habían descubierto que ciertos minerales como el uranio emitían rayos de luz sin tener una fuente de energía que los provocase, así descubrió que la energía venía de los átomos, y llamó a este fenómeno radioactividad; junto a Pierre descubrieron dos nuevos elementos: el Polonio (le pusieron así en honor al país de origen de Marie) y el Radio (con el que luego pudieron hacer las radiografías), así ganaron de forma conjunta el Nobel de Física; y años más tarde ella sola ganó el Nobel de Química. Todo un prodigio esta niña.

—Increíble, estoy alucinada, ¡he podido charlar con ella! —Tuvo que detener el descenso, empezaba a acusar el cansancio—. También tengo mucho calor con el abrigo y el sombrero —dijo mientras se desprendía de ambos.

—Ya no te hacen falta, segunda parada… ¡Bienvenida a Pensilvania!

CAPÍTULO 3

NIÑA CURIOSA: RACHEL CARSON

—¡Estamos en una granja! —exclamó Belén; la oscura y empinada escalera terminaba en una abertura por la que entraba una brisa fresca; al atravesarla se dio cuenta de que habían salido del tronco de un árbol, estaban rodeados de vacas, gallinas, patos…

—¿Quiénes sois vosotros? —dijo una niña morena que los miraba incrédula y que estaba sentada junto al árbol con un libro en el regazo.

—Hola, soy Belén, y el gato se llama Leo.

—Encantada, soy Rachel, normalmente no veo a mucha gente por aquí. —Debía de tener unos nueve años, iba vestida con un peto vaquero y el color bronceado de sus mejillas no dejaba lugar a dudas de que pasaba mucho tiempo al aire libre—. ¿Os apetece jugar conmigo un rato?, en realidad estoy en medio de una investigación, está pasando algo muy extraño…

Les hizo una señal con la mano para que la siguiesen, y así hicieron. Anduvieron cerca de media hora atravesando las extensas tierras de aquella granja. Disfrutaron mucho el paseo, rodeados de árboles frutales, alguna oca que los seguía, las ovejas que balaban… Leo no pudo reprimir su instinto y estuvo persiguiendo un rato a una gallina, ante la risa de las dos chicas. Cuando llegaron a la valla de madera que ponía límite a la granja, Rachel trepó con agilidad y saltó hacia el otro lado; Leo pasó por debajo y Belén, como buenamente pudo, se coló entre dos tablones.

—Tiene que ser muy divertido vivir en una granja —dijo cuando se incorporó, sacudiendo sus pantalones, que estaban llenos de tierra y barro.

—Sí, tengo mucho tiempo para estudiar a los animales, estoy escribiendo historias sobre ellos, puede que algún día las publique en una revista —contestó Rachel, para la que pasó desapercibido el guiño que hizo Leo a Belén.

El murmullo sonaba cada vez más fuerte, y tras atravesar una zona con vegetación más frondosa descubrieron de dónde provenía…

—Este es el río Allegheny, objeto de mis investigaciones. Está pasando algo extraño con los peces, cada vez hay menos, es un misterio…

—¿Sabes mucho de peces? —preguntó Belén, se acababa de dar cuenta que Leo no había abierto el hocico para hablar desde que llegaron a la granja, estaba claro que como Rachel no lo conocía, no quería asustarla con esa particularidad.

—Estoy aprendiendo, devoro todos los libros que encuentro en la biblioteca municipal y además cuando sea mayor voy a ser bióloga marina, para saber más y más.

—¡Qué interesante! ¡Seguro que lo consigues! —Se había dado cuenta de que aquella niña tenía un empuje especial—. ¿Qué piensas que les puede estar pasando a los peces?

—No lo sé exactamente; pero sé cuándo empezó a ocurrir, hace dos años hubo una plaga de langostas, que son unos insectos que se comen los cereales; para exterminarlas rociaron los campos con unos extraños polvitos que mezclaban con el agua. Al año siguiente empecé a notar que el río llevaba menos peces…

—¿Pero echaron esos polvitos al río?

—No lo sé, de alguna manera han tenido que llegar a él… ¡lo descubriré! —De repente, Rachel pareció recordar algo—. ¡Perdonadme! Acabo de recordar que hoy llegaba un nuevo libro sobre fauna marina a la biblioteca y ¡tengo que leerlo! —dijo, mientras salía corriendo—. Belén, nos vemos otro día, encantada de charlar contigo.

Así se quedaron solos. Leo estaba jugando, intentando atrapar una mariposa.

—¿Ya no sabes hablar? —le inquirió Belén.

—Claro, pero no quería darle un susto a Rachel —dijo mientras se atusaba los bigotes—. Finalmente consiguió todo lo que se proponía, se convirtió en bióloga marina; no solo publicó en una revista sus cuentos, sino que sus libros marcaron el inicio de una nueva corriente que no existía hasta ese momento, el ecologismo; con su libro *Primavera silenciosa* puso en conocimiento de todos la importancia de cuidar la naturaleza y que toda acción tiene su repercusión en ella; así como la necesidad de vigilar esas acciones. Gracias a su contribución se creó la Agencia de Protección Ambiental de Estados Unidos, crearon el Día de la Tierra por ella y también empezaron a controlar el uso de pesticidas…

—¡Entonces tenía razón con lo de los peces! Estaba relacionado con los pesticidas…

—Sí, otra niña curiooo… miaaauuuuu.

—El gato irremediablemente estaba resbalando por el fango de la orilla, y con un golpe seco cayó al agua—. ¡Miauuuuuuuu! Odio el aguaaaaaa…

Rauda y veloz, Belén no dudó en lanzarse tras él. El agua estaba fría, en dos brazadas llegó a su lado y Leo se agarró a su espalda; pero la corriente era muy fuerte y los arrastraba, consiguió sujetarse a un tronco; se movían muy rápido y cada vez el sonido del agua era más estruendoso.

—Leo, no te sueltes, tranquilo, soy una gran nadadora, saldremos del agua…

Intentaba bracear hacia la orilla; pero era imposible salir de la corriente, el miedo empezaba a apoderarse de ella; sus ojos se abrieron como platos cuando descubrió que el origen de aquel ruido ensordecedor provenía de una catarata inmensa. Abrazó a Leo con todas sus fuerzas y cogió aire, esperando el descenso...

Cuando los volvió a abrir estaba seca, el sol le quemaba la cara y el gato estaba a su lado mirándola fijamente.

—¡Por fin te despiertas! ¡Vaya susto! ¡Está siendo una aventura de bigotes! Bienvenida a...

—¿¡Egipto!? —exclamó Belén sin poder contener la emoción, a lo lejos podía ver una gran pirámide.

—En efecto, más concretamente, estamos en Alejandría, la ciudad cuna del conocimiento en el siglo IV.

CAPÍTULO 4

NIÑA CURIOSA: HIPATIA DE ALEJANDRÍA

—Pero mira que habéis tardado… —dijo una voz muy familiar.

—¡Nicolai! ¿Cómo has llegado hasta aquí? —preguntó Belén.

—Sin dar tantos rodeos como vosotros. —Se carcajeó el gato—. Rápido, ponte esta túnica y estas sandalias. ¡Ahí! ¡Detrás de esa palmera!

—Va a ser verdad que eres el maestro del disfraz —dijo Leo guiñando un ojo.

El sol estaba bastante alto y se notaba cada vez más y más calor.

—Vamos a la Gran Biblioteca, allí nos resguardaremos de estas temperaturas…

Los dos gatos avanzaron con garbo por una gran avenida adoquinada, la gente a su paso se apartaba y los saludaba con admiración.

—Pero bueno… ¿Qué pasa aquí con vosotros? ¿Sois famosos?

—En Egipto son personas muy inteligentes y adoran a los gatos, están convencidos de que somos dioses —dijo Nicolai—, no les falta razón, somos lo más… —Se carcajeó.

—¡Ya estamos otra vez! —replicó divertido Leo—, mira que eres presumido…

—Bueno, estoy exagerando un poco, pero hemos tenido un papel muy importante a lo largo de la historia; porque, no sé si sabes, Belén, que somos grandes cazadores, sobre todo de roedores, y ¿sabes qué transmiten en general?

—¿Enfermedades?

—Así es, por eso, si alguien quería mantener su casa limpia de virus, tenía un gato; las mujeres más sabias se hacían con un minino; pero, posteriormente, hemos tenido muy mala prensa, porque a esas chicas listas y curiosas no les permitían estudiar, y no tenían el saber y la ciencia a su alcance; pero, al final, aprendían en secreto y la sociedad de entonces en lugar de apreciarlas, las despreciaba e incluso las llamaba «brujas». Y claro, un animal que es fiel compañero de una «bruja», tampoco podía ser bueno; así que tanto gatos como mujeres hemos sido perseguidos injustamente —refirió con tristeza Nicolai.

—Afortunadamente eso ha cambiado… —replicó Leo— aunque no en todas partes, hay mucho trabajo aún por delante…

Los tres amigos se detuvieron ante un grandioso edificio con columnas de mármol blanco, tenía una gran escalinata y en ella se sentaban infinidad de personas; algunas leyendo, otras debatiendo animadamente en pequeños grupos, había algo especial en el ambiente.

—¡Vamos dentro! —apremió Nicolai—. ¡Bienvenida al gran centro del saber de la antigüedad! ¡La Biblioteca más grande del mundo! Debe de contener casi un millón de manuscritos… Además, tiene salas dedicadas a la investigación, un museo, un pequeño zoo, un laboratorio, jardines y una gran sala de reuniones. Los más sabios de la época se reúnen aquí.

—¡Quiero verlo! ¡Quiero verlo! —Palmeó Belén.

Al adentrarse en el fastuoso edificio, se sorprendió de ver tanta actividad, los hombres vestidos con túnicas blancas iban de un lado a otro, unos buscando en los estantes manuscritos y otros escribiendo en sus papiros; hablaban entre murmullos para no molestarse, se respiraba respeto hacia los demás. De repente, una risa jovial rompió la paz de ese instante.

—¡Hipatia! ¡Silencio! Debes de pasar desapercibida, recuerda que no está permitido el acceso a este sagrado lugar a mujeres, y menos a una joven —le espetó un señor muy alto a una niña que no tendría ni diez años.

—Perdone, padre, es que he descubierto algo sobre el firmamento, o eso creo —respondió sin dejar de sonreír—, aunque sigo sin averiguar por qué no se caen las estrellas del cielo…

—¿Quiénes son? —susurró Belén a sus compañeros, mientras observaban la escena tras una gran columna.

—Es Hipatia, con el tiempo se convirtió en una maestra del saber y en una de las primeras científicas de la historia. Su padre es Teón: matemático, astrónomo y filósofo; además es el director de la Biblioteca, gracias a eso y a que su familia pertenecía a la élite pudo estudiar esas disciplinas, aquí las mujeres tampoco tenían acceso a formarse intelectualmente si no era de esa manera. Hipatia hizo grandes avances, explicó de forma muy detallada los movimientos celestes, mejoró los cálculos de Tolomeo sobre el movimiento del sol, sus ideas influyeron en Copérnico: deduciendo que la tierra y los planetas giran alrededor del sol; no es la tierra el centro, sino el sol, esto se conoce como heliocentrismo. Mejoró los astrolabios que son unos artilugios que sirven para determinar la posición de las estrellas sobre el cielo y que servían de guía a marineros, arquitectos o ingenieros para determinar distancias. Inventó el hidrómetro para calcular la densidad de los líquidos, lo que sería el principio de Arquímedes. Y era muy querida por sus alumnos por su forma de enseñarles, fomentando su curiosidad —contestó Nicolai.

—¡Cuántas cosas! ¡No me he enterado de nada! ¡Ni sé quién es Copérnico, ni *Arquímodo* o como se diga! Solo tengo claro que era una chica lista —replicó Belén.

—Y también curiosa —apostilló Leo.

—¡Deprisa! —oyeron exclamar en un tono muy alto a Teón—. ¡Márchate! ¡Vienen los hombres del sumo sacerdote a revisar la Biblioteca! ¡Tienes que esconderte!

Hipatia abrazó a su padre y salió corriendo disparada. Al llegar a la columna donde se encontraba Belén, la descubrió semioculta.

—¡Otra niña! Sígueme, no pueden vernos aquí…

Las dos pequeñas echaron a correr por la gran sala central de la Biblioteca seguidas por los gatos, cuando se toparon con que, en esa dirección no había salida; una pared les obstaculizaba el paso, y estaba flanqueada por dos enormes estatuas de mármol que representaban a dos hom-

bres con grandes barbas, vestidos con túnicas que les daban un aspecto sobrecogedor; en ese momento Hipatia se alzó de puntillas frente a la estatua de la derecha y puso sus manos sobre el libro de mármol que sostenía; entonces, se escuchó un ruido seco y la estatua se desplazó hacia un lado, dejando al descubierto un orificio en la pared.

Estaba claro que Hipatia conocía perfectamente el camino y que había tenido que usarlo en más ocasiones; una vez que atravesaron al otro lado, ella cogió una antorcha que estaba tirada en el suelo y la encendió veloz; gracias a su luz pudieron ver que se encontraban en un angosto pasillo.

—¡Qué injusto! ¿Por qué no puedes estudiar con los chicos? ¡No puedo entenderlo! Por cierto, soy Belén, y estos gatitos son Nicolai y Leo.

—Ya los conocía, me han visitado alguna vez —contestó guiñando un ojo—, pues creo que no quieren que estudiemos las niñas porque tienen miedo al pensamiento libre o diferente, así pueden controlarnos; pero te voy a dar un consejo: «defiende tu derecho a pensar, porque incluso pensar de manera errónea es mejor que no pensar».

—Gran frase —apuntó Leo—.

—Y ahora, ¡a divertirnos!, para salir de este edificio tenemos que resolver o pruebas o enigmas que mi padre inventa, así la huida es más amena. ¿Sabías que las matemáticas son divertidas? ¡Ajá!, aquí tenemos la primera pista —dijo Hipatia recogiendo un trozo de pergamino del suelo: «Cuatro gatos en un cuarto, cada gato en un rincón, cada gato ve tres gatos, adivina cuántos gatos son».

—Aquí solo veo dos gatos, jajaja; pero, el acertijo es muy fácil, veamos: un cuarto tiene forma de cuadrado o de rectángulo y ambos tienen cuatro esquinas, por lo que hay cuatro gatos…; además, ¡lo pone en la primera parte de la frase!: ¡Cuatro gatos en un cuarto! Me he puesto a pensar en una solución compleja, cuando era evidente, jaja.

—¡Genial, Belén! Ahora busca el número cuatro en alguna parte de este pasillo.

En el suelo había números pintados en las baldosas, al avanzar unos metros, vieron un gran número cuatro sobre una de ellas. Hipatia se agachó y con no poco esfuerzo consiguió levantarla, debajo había otro trozo de pergamino:

«Tengo más de tres lados y menos de cinco lados. Tengo todos mis lados iguales. ¿Quién soy?».

—¡Facilísimo! Lo he estudiado en el colegio: el cuadrado —dicho esto, Belén empezó a buscar figuras en las baldosas del suelo; pero no veía nada, siguió avanzando por el pasillo y entonces se fijó en la pared, había figuras geométricas por doquier: círculos, rectángulos, rombos, triángulos isósceles, escalenos...—. ¡Aquí está! —exclamó victoriosa al descubrir esculpido en la piedra un cuadrado.

Hipatia se acercó con la antorcha y presionó en el centro del cuadrado, lo que activó una especie de engranaje que hizo que la pared se moviese y dejase paso a otro pasillo; parecían estar dentro de un laberinto; siguieron avanzando hasta llegar a una sala redonda, otra vez sin salida... En el centro de esta había un pedestal y sobre él, otro pedazo de pergamino:

«¿Qué letra es la siguiente en la secuencia: U–D–T–C–C–S–S–O–N…?».

—Chicas, va subiendo el nivel, veamos…; no se me ocurre nada… —dijo Leo pensativo.

—No le veo sentido…, creo que sería usar una de las letras que ya hay en la secuencia; pero ¿de qué es esa secuencia? —exclamó Belén.

—Pues con lo que le gustan a mi padre las matemáticas… ¡Son números! U… ¡de Uno!

—Ahhh, ya lo veo: Uno–Dos–Tres–Cuatro–Cinco–Seis–Siete–Ocho–Nueve y…

—¡Diez! —dijeron todos al unísono.

—¡A buscar una «D»!

Se pusieron manos a la obra, pero no encontraban nada, Nicolai resopló mirando hacia arriba.

—¡Arriba! ¡Las letras están en el techo! —dijo señalando con una pata—. Pero está demasiado alto, ya veo la «D», calculo que está a cinco metros de altura… No salto tan alto…

—¡He encontrado algo bajo el pedestal! —gritó Hipatia.

Todos se acercaron a ella, en ese momento notaron que se movía el suelo.

—¡Alto! ¡Todos quietos! —les espetó la niña—. ¡Dad un paso hacia atrás! Así lo hicieron y el suelo detuvo su vibración.

—Avanzad de nuevo —habló de nuevo agachada junto al pedestal. El suelo se movió de nuevo, se estaba elevando.

—¡Ya lo tengo! Hay una palanca debajo del pedestal que activa algún engranaje cuando la tengo pulsada y os movéis. Vamos a probar algo… ¡Saltad!

Belén y los dos gatos comenzaron a dar saltos de un lado a otro, mientras Hipatia giraba la palanca de madera. El suelo se elevaba cada vez a más velocidad, había subido tanto que había dejado bloqueado el pasillo de entrada a la sala; debían de estar como a tres metros del techo. El pedestal y la palanca también habían quedado ocultos bajo el suelo.

—¡Quietos! Ya no tengo al alcance la palanca y si seguís moviéndoos quedaremos aplastados entre el techo y el suelo —dijo preocupada Hipatia.

Pararon en seco, lo que les estaba pareciendo muy divertido empezaba a preocuparles.

El suelo se detuvo lentamente, entonces Hipatia empezó a moverse muy despacio, activando de nuevo el mecanismo, por lo que decidió correr hacia la zona donde estaba la «D». En dos zancadas estaba debajo, pero no conseguía tocarla con los dedos; fue entonces cuando Leo corrió desesperadamente hacia ella, dio un salto y tomando impulso en la cabeza de Hipatia, golpeó con sus patitas la piedra marcada. Oyeron un chasquido, y entonces el suelo bajó tan rápido que se cayeron hacia atrás, golpeándose unos contra otros.

Una vez pasado el susto inicial, al ponerse en pie, se dieron cuenta de que había desaparecido el pedestal; en su lugar, en el suelo, había una trampilla redonda de hierro; la alzaron entre las dos niñas y una brisa fresca les revolvió el cabello.

—Hora de salir —dijo Leo— y creo que de volver... —añadió mirando a Belén.

—¡Ohhhh! Con lo divertido que es esto... —protestó apenada mientras seguía a Hipatia, que había desaparecido tras saltar por la abertura que había quedado al descubierto.

Estaban dentro de una cueva, en la que se filtraban rayos de luz; provenían de un rincón repleto de plantas que cubrían toda la pared hasta el techo; las apartaron con las manos para abrirse paso hacia la luz y descubrieron una salida. Tuvieron que cerrar los ojos cegados por el sol.

Tras parpadear un par de veces, se dieron cuenta de que estaban en un gran jardín, lleno de palmeras y flores exóticas.

Unos camellos bebían agua de una fuente, se acercaron hacia ellos.

—Queridos amigos, me vais a disculpar, pero no puedo acompañaros —empezó a decir Nicolai—. No me quedo tranquilo dejando sola a Hipatia, así que nuestros caminos se separan; he decidido pasar una temporada en Alejandría. Pero seguro que nos volvemos a ver, siempre es un placer pasar tiempo con vosotros…

Belén tenía un nudo en la garganta que no le dejaba articular palabra. Abrazó a Hipatia y a Nicolai.

—La forma de salir de aquí es a través de la fuente, con lo poco que me gusta el agua, miauuu; pero ¿cómo conseguimos que suba el nivel del agua? Parece ser siempre el mismo, el agua está recirculando… —dijo Leo.

—Sí, pero cuando Belén y tú os sumerjáis en ella, el agua subirá por el volumen que desalojarán vuestros cuerpos; aunque estás un poco flacucho, Leo, a ver si conseguimos que el nivel del agua se eleve lo suficiente… —exclamó Hipatia risueña.

No muy segura de lo que estaba haciendo, Belén se introdujo en la fuente, el agua le llegaba por la rodilla; desde fuera no se había percatado de que había una pequeña ranura en el interior de la fuente, justo pegada al bordillo, el agua casi llegaba hasta ahí, pero le faltaban unos milímetros para llegar hasta la abertura.

En el momento en el que Leo de un salto se introdujo en el agua, el nivel subió hasta rebasar la rendija…, otro chasquido…, acababa de activarse un mecanismo que hizo vibrar y abrirse el suelo de la fuente bajo sus pies…

—¡Adiós, amigos! —es lo único que alcanzaron a oír mientras se deslizaban por otro tobogán esta vez arrastrados por el agua.

¡Vaya día!, sin saber cómo, estaban sentados sobre un delfín de piedra en otra fuente totalmente diferente…

—Bienvenida a Budapest, hemos viajado al año 1909.

CAPÍTULO 5

NIÑA CURIOSA: MARÍA TELKES

—¿A quién vamos a conocer aquí? Dame alguna pista, Leo…

—Vas a conocer a la reina del sol.

—¿En serio? ¿Voy a conocer a una reina? —dijo sorprendida.

—Así se la llegó a conocer, por su interés en este astro…

Leo salió de la fuente seguido por la niña, era un día caluroso, así que pronto estuvieron secos. Belén no entendía por qué ya no llevaba la túnica y las sandalias, sino otra ropa totalmente diferente: falda larga, botines y una blusa. Pero a estas alturas no le dio más importancia, no podía buscar explicación a todo lo que estaba viviendo.

Anduvieron un rato, alejándose del parque donde estaba la fuente y de la ciudad donde se encontraba el parque, que había quedado a sus espaldas.

Iban por un camino empedrado y al subir una pequeña colina vieron una casita. Tumbada sobre la hierba había una niña, parecía dormir bajo el sol. Se veía feliz, disfrutando del calor en la cara.

Estiró los brazos y abrió los ojos.

—¡Hola! Siempre me pregunto de qué estará compuesto el sol, cómo genera tanto calor y a qué se debe su brillo... Nadie sabe responderme... El sol me hace sentir bien, necesito sus rayos, los días lluviosos me provocan tristeza… Por cierto, ¿os habéis perdido? —dijo solícita.

—No, estamos dando un paseo —dijo Leo—, y sí, puedo hablar, pero no se lo digas a nadie porque no te creerían —añadió al ver la cara de perplejidad de la niña—. Ella es Belén y yo soy Leonardo, aunque puedes llamarme Leo. Estamos dando un paseo, ¿vives aquí?

—Vivo en Budapest; pero me gusta venir a disfrutar del campo, aquí no hay humos, en la ciudad cada vez hay más fábricas y más y más humo, no puedo disfrutar del sol. Aunque cuando anochece tampoco puedo, hace frío, eso no me gusta nada, deberíamos tener el calor del sol a todas horas, he leído en un libro una frase de un tal John Muir, en la que no puedo dejar de pensar: «El sol no brilla sobre nosotros, sino dentro de nosotros» —dijo desperezándose—. ¿Os gusta la ciencia? Os voy a enseñar mi experimento…

Se levantó de un salto y con un gesto los animó a seguirla.

—¿Sabes algo del ciclo del agua Belén?

—Lo que he estudiado en el colegio, que el agua se evapora con el sol y…

—Veo que sí, yo quiero aprovechar eso para inventar algo útil y que no dañe la naturaleza, que funcione gracias al calorcito del sol, mirad…

Habían llegado a la parte trasera de la casa, sobre una mesa había un vaso con un poco de agua, una jarra también de cristal y boca abajo lo cubría como si fuese una campana. El calor había hecho que parte del agua se evaporara y formara gotas en el interior de la jarra por efecto de la condensación…

—Aún no sé qué hacer con esto, pero estoy segura de que lo averiguaré…

—Gracias a tu tesón, lo conseguirás, miau…Ha sido un placer conocerte; pero tenemos que volver a casa…

—¿Ya? —protestó Belén—, pero si es muy pronto.

—Quiero que conozcas a más niñas curiosas y se está haciendo tarde —le susurró Leo, para que María no lo escuchase.

—Está bien… —contestó de mala gana—. ¡Adiós, María!

—Encantada, volved cuando queráis —dijo alegremente, pero tras decir esto se volvió pensativa hacia el vaso y la jarra.

Leo retomó el camino seguido de Belén.

—Esta vez, afortunadamente, la vuelta no va a ser pasada por agua, no la so-

porto, requetemiau —dijo aliviado—. Sabes… María Telkes, como nuestras anteriores niñas curiosas, también tuvo dificultades para estudiar, pero consiguió con mucho esfuerzo ir a la universidad y estudió Química y Física. Luego se fue a vivir a América y gracias a su interés por el sol, consiguió participar en una investigación sobre la energía solar. Le interesaban mucho los avances que se producían en la sociedad, porque ayudaban a la gente a vivir mejor; pero, a la vez, le preocupaba que no pensaban en el daño que hacían a la naturaleza y al aire puro. Como no le gustaba el frío, consiguió junto a otra investigadora que se llamaba Eleonor Raymon inventar el primer sistema de calefacción solar, también fue la precursora del aire acondicionado. Y has visto los inicios de otro de sus inventos:

el destilador solar móvil; con él, median-
te un globo y una bolsa, podía convertir
el agua salada en agua potable. Gracias a
este invento mucha gente ha podido so-
brevivir en el mar. En resumen, fue una
de las fundadoras de los sistemas de al-
macenamiento de energía solar, porque
si no pudieras «guardar» esa energía, no
podrías usarla cuando la necesitases.

Leo salió del camino y se dirigió a
una zona boscosa, allí empezó a trepar
ágilmente a un árbol.

Belén lo miraba desde abajo. ¿Cómo
iba a seguirlo? No era muy buena tre-
pando y además no le gustaban las alturas…; había perdido de vista al gato,
así que respiró hondo, asió una rama
con una mano y empezó a subir por el
tronco, cuanto más trepaba más fácil
le resultaba seguir ascendiendo, ganaba

sorprendentemente agilidad, casi podía alcanzar a Leo, ya veía su cola…

—¡Qué vistas más increíbles!

—Eso es… ¡Es el Big Ben! —exclamó Belén.

—Bienvenida a Londres…

CAPÍTULO 6

NIÑA CURIOSA: JANE GOODALL

—¡Hola!

Casi se cae de la rama en la que estaba sentada del susto; un chimpancé, acababa de saludarla; pero no un chimpancé cualquiera, ¡uno de peluche!

—Pero… ¿cómo es esto posible? —dijo frotándose los ojos incrédula.

—¡Todo es posible! ¡Gracias a la imaginación! —apostilló Leo riendo.

—¿Quién eres? ¿Y qué haces aquí?

—Soy Jubilee y estoy huyendo; verás, vivo en casa de mi amiga Jane, fui un regalo por su noveno cumpleaños; pero cuando vienen a casa los amigos de su mamá me tengo que esconder… ¡Quieren tirarme a la basura! Piensan que Jane puede tener pesadillas y asustarse conmigo; y es todo lo contrario, me cuida y me quiere…

—¡Jubilee! ¿Dónde estás? ¿Dónde te has metido? —una voz los interrumpió desde abajo.

—¡Aquí arribaaaaa! —contestó.

Las hojas y ramas empezaron a agitarse dejando paso a una cabecita de pelo rubio.

—¡No estás solo! ¡Qué bien! ¡Podemos jugar todos juntos! Soy Jane. —Tras las pertinentes presentaciones, Jane abrazó a Jubilee.

—Es mi mejor amigo, todo empezó como un experimento, le hablaba todos

los días porque estaba segura de que podía entenderme; hasta que un día cobró vida. Desde entonces me dedico, aparte de jugar con él, a estudiar su comportamiento, es tan parecido a mí... —dijo entusiasmada—. Tiene sentimientos y se mueve como nosotros. Algún día viajaré a la selva y demostraré que los chimpancés de allí son como Jubilee: muy, muy inteligentes.

—¡Qué interesante! ¿Y cómo vas a acercarte a ellos? A mí me parecen peligrosos y agresivos... No lo digo por ti, Jubilee —dijo Belén haciendo una carantoña al peluche.

—Lo tengo todo pensado, primero imitaré sus movimientos y sonidos, así me ganaré su confianza; hasta he pensado que les voy a poner nombre, porque todos respondemos a un nombre y nos sentimos identificados con él, nos hace especiales y únicos. También les haré cosquillas como a Jubilee. —El mono rio con ganas ante las carantoñas de Jane—. Y mirad, sabe chocar los cinco y dar palmadas. ¡Muy bien, monito listo!

Todos aplaudieron con ganas los logros del chimpancé.

—Por cierto, es la hora de tomar el té. ¿Queréis ver cómo Jubilee es capaz de beber de una tacita?

—Gracias, Jane, en otra ocasión, tenemos que marcharnos… —atajó Leo, mientras Belén ponía cara de fastidio—. Pero volveremos otro día, es muy divertido jugar con vosotros.

—De acuerdo, tomo nota —dicho lo cual, Jane hizo un gesto con la mano a Jubilee y este se subió a su espalda—. ¡Encantados de conoceros!

En un santiamén ya estaban en el suelo y corrían por el prado. Belén los observaba pensativa desde la copa del árbol.

—¿Qué fue de ella? ¿Lo consiguió? —dijo con curiosidad.

—Por supuesto, Jane Goodall se convirtió en etóloga, que es alguien que estudia el comportamiento de los animales. Ella es un referente en promover estilos de vida que no dañen al planeta; además, ha dedicado su vida al estudio del comportamiento de los chimpancés en África, demostrando que al igual que los seres humanos tienen personalidad, y son capaces de tener pensamiento racional y emociones: como alegría y tristeza; que son capaces de establecer relaciones familiares y hasta ¡se dan besos entre ellos! Otro aspecto que descubrió es que pueden usar herramientas como hace el hombre.

—¿Qué tipo de herramientas?

—Pues, por ejemplo, pueden usar una piedra para abrir frutos como las nueces. También consiguió algo muy importante: el veto del uso de chimpancés en experimentos.

—¡Qué emocionante! ¡Yo quiero estudiar el comportamiento de los gatos!

—Ja, ja, ja, ahí te puedo ayudar mucho… Pero ahora nos toca… ¡Saltar!

Y así hizo, tomando un poco de impulso en la rama dio un salto. Primero se elevó, pero en lugar de caerse hacia el suelo, el gato cada vez subía más y más, parecía una ardilla planeando.

Belén, que a estas alturas de la historia lo veía todo de lo más normal, se abalanzó tras él y usando la rama como si fuese el trampolín de la piscina dio un salto colosal que le hizo sobrepasar a Leo en altura.

—¡Bien hecho, Belén! Próximo desti-
no… ¡Asturias, patria queridaaaaaa!

CAPÍTULO 7

NIÑA CURIOSA: MARGARITA SALAS

Seguían ascendiendo, los árboles se veían muy pequeñitos bajo sus pies.

—¡Somos como Wendy y Peter Pan! —dijo Belén risueña. El viento le despeinaba los ricitos, planeaban con los brazos abiertos, era una experiencia muy placentera, pero algo empezó a preocuparla—. ¿Cómo se baja?

—Pues con mucho cuidado. ¡Atención! Nos aproximamos a una zona de turbulencias, abróchate el cinturón… ¡Ah, no! Si no tenemos…

Una nube los envolvió, Belén no podía ver más allá de su nariz, notó que el viento la frenaba en su avance y que la arrastraba suavemente hacia abajo. Pese al miedo inicial, bajaba muy despacio, se sentía una pluma balanceándose de un lado a otro. Unos minutos más tarde posó sus pies sobre la hierba; la nube se disipó y pudo ver a Leo a su lado mascando una brizna de hierba junto a una vaca que los miraba incrédula.

—Me encanta esta forma de viajar, me hace sentir que soy un gato-pájaro ¡Un ave fénix triunfal sobrevolando paisajes increíbles!

—¡Cómo te gusta adornarlo todo!

—Estaba un poco mareada, pero poco a poco recobró el equilibrio.

—¡Vamos a conocer a Margarita Salas!

—¿Quién es?

—Alguien que hizo un gran descubrimiento… —El pelo de Leo se erizó y corrió a esconderse tras Belén, que no sabía qué pasaba hasta que oyó los ladridos…

Un gran pastor alemán venía corriendo a toda velocidad, seguido a cierta distancia por una niña morena.

Cuando el perro estuvo a su altura se paró en seco y se tumbó tranquilo junto a ellos. Poco después, con respiración entrecortada, llegó la niña. Cuando recuperó el aliento hicieron las pertinentes presentaciones.

—Tranquilo, Leo… Rufo es inofensivo. Eso sí, es muy grandote y juguetón —dijo Margarita acariciando al gato.

El perro se acercó y le dio un lametazo a Leo.

—¿Vienes mucho a jugar por aquí? —preguntó Belén—. ¿Y por qué llevas una bata blanca?

—Sí, me gusta mucho explorar, es muy emocionante descubrir cosas; llevo la bata porque hoy estoy jugando a que soy una científica, estaba en mi laboratorio investigando, cuando Rufo, que hoy es un virus, se ha escapado; estaba tratando de alcanzarlo y estudiarlo —dijo sacando una gran lupa del bolsillo de su bata—. Observando con paciencia se pueden descubrir infinidad de cosas… Y siempre es mejor verlas ampliadas —añadió pensativa—. ¡Mirad esa fila de hormigas! Desde aquí parece una cadena perfecta; pero si la miramos con la lupa podemos ver que está compuesta de hormiguitas independientes y diferentes. Ampliar una parte de esa cadena nos da mucha información de cómo y de qué está compuesta, en este caso de hormigas. —Rio mientras desviaba su atención hacia el perro, acercando su lupa de nuevo a la oreja de Rufo—. Veamos qué tenemos aquí. ¡Espera! ¡Virus, no te escapes!

El perro había echado a correr monte a través, seguido de Margarita, Belén y Leo.

Corrieron sin descanso hasta que Rufo se detuvo delante de una roca, una pequeña gatita tenía la pata atrapada debajo. Belén, Leo y Margarita empujaron la roca hasta que la liberaron.

—Es muy importante trabajar en equipo y ayudar a los demás —dijo Margarita acariciando a la gatita, que agradecida le lamía la mano.

Fue entonces cuando la gata estornudó y… ¡Se transformó!

—Muchas gracias por ayudarme —dijo la niña–gata que había surgido como por arte de magia; no sabían qué era, podía ser un hada, tal vez una ninfa—. Me llamo Curiosidad, y en agradecimiento os voy a dar el mejor regalo…

Juntó las manos y al abrirlas de nuevo, tres mariposas de colores salieron volando, cada una de ellas se posó en una nariz. Belén, Margarita y Leo miraban atónitos y bizcos su propia nariz, ensimismados con el revoloteo de las alas.

—Este regalo es la emoción por descubrir cosas; nunca dejéis de estudiar, ni de aprender, ni de luchar por lo que os parece importante, aunque parezca que todo os va en contra. Esa emoción que experimentaréis os hará sentir alegres con cada nuevo aprendizaje y con cada nueva vivencia. La curiosidad es la

mejor guía y la emoción por descubrir es el premio.

Dicho esto, chasqueó los dedos. Desapareció la niña–gata, no había rastro de mariposas ni de Rufo o Margarita. Solo estaban Leo y Belén en el prado.

—Esto también ha sido una sorpresa para mí —dijo Leo pensativo.

—Ha sido mágico, inexplicable, pero mágico —replicó Belén—. Volviendo a Margarita, cuéntame cosas sobre ella. ¿Qué le pasó?

—Verás, Margarita tuvo el apoyo de su familia para poder estudiar e ir a la universidad, gracias a que asistió a una ponencia de Severo Ochoa (otro gran científico) y que este le regaló un libro de Bioquímica, se decantó por esa rama. Más tarde encontró un comportamiento diferente en la enzima que estaba estudiando en su tesis doctoral.

»Viajó a Nueva York y colaboró con Severo Ochoa, que fue su mentor unos años, donde profundizó en el campo de la Biología Molecular, y descubrió lo que es el trabajo con rigor experimental, dedicación y entusiasmo por la investigación. Allí descubrió dos nuevas proteínas. Volvió a España y junto a su marido, marcaron el inicio de los estudios de Biología Molecular en España; aquí ella se centró en el estudio de un virus phi–29, descubriendo una enzima: ADN Polimerasa, que amplifica el ADN facilitando que se pueda estudiar. Fue la pionera de la biología molecular y del papel de la mujer en la ciencia.

—No entiendo todo lo que dices; pero ahora… ¡Veo claro lo de las hormigas! La fila de hormigas es como el ADN y la enzima es como la lupa que nos permitía ver a las hormigas más grandes —exclamó triunfal Belén— y Rufo era el virus, pero no le encuentro la relación…

—Bueno, no todos los juegos tienen por qué tener un significado oculto —dijo risueño Leo—. Por cierto, ya es muy tarde, tienes una fiesta de cumpleaños que celebrar esta tarde con tus amigos; pero creo que nos da tiempo a conocer a una niña curiosa más…

—Sí, por favor, esto es una pasada. ¿A quién vamos a conocer?

—Pues a alguien a quien también le apasionan las estrellas…

Leo comenzó a correr en círculos alrededor de Belén, ella lo miraba absorta. ¿Cómo podía correr tan rápido? Empezaba a marearse, la cabeza le daba vueltas y le flaqueaban las piernas, cerró los ojos y al abrirlos se encontró enfrente de una gran catedral, no hacía falta preguntar dónde estaban, unas grandes letras de piedras delante del edificio lo indicaban:

LEÓN.

CAPÍTULO 8

NIÑA CURIOSA: SARA GARCÍA ALONSO

—Esta es la última parada de nuestro viaje… Como ya has observado hemos llegado a León y estamos en el año 1998. Vas a conocer a otra niña curiosa que desde pequeña quería aprender de todo, entender los porqués de las cosas y de los fenómenos que observaba —comentó Leo—. Sígueme…

Caminaron un rato recorriendo las calles de León, hasta llegar a un parque ¡Cuántas zonas verdes habían visitado ese día! Belén estaba encantada, era una amante de la naturaleza.

Un poco apartada había una gran caja de cartón boca abajo, le habían recortado una pequeña ventana rectangular y conforme se acercaban distinguió algo que se movía bajo la caja…

—¡Por fin, Leo! ¡Os estaba esperando! ¡Está todo listo para el despegue! —dijo una niña asomando la cabeza por la ventana de la caja—. Tú debes de ser Belén, yo soy Sara.

—¿Cómo conoces a tanta gente? —preguntó Belén al gato.

—Es una larga historia… Quizá te la cuente en otra ocasión…

Sara levantó la caja para facilitarles la entrada, una vez dentro, Belén no pudo cerrar la boca durante un buen rato…

La caja de cartón se había transformado, estaban dentro de... ¡Una auténtica nave espacial!

No había mucho espacio, y estaba ocupado principalmente por tres extraños asientos frente a los que había un gran panel lleno de botones de colores. Sobre el panel una gran ventana que les permitía ver el parque.

Fue entonces cuando Belén se dio cuenta de que su ropa había cambiado, ahora vestía un mono espacial de color naranja, unas botas y guantes plateados y un casco transparente.

Al levantar la cabeza vio que Sara vestía igual y casi se cae de la risa al descubrir con el mismo atuendo a Leo, que se movía incómodo a su lado.

—¡Vamos a despegar! —gritó Sara—. ¡Ocupad vuestros asientos!

—¿Lo dices en serio? —dijo asombrada Belén.

—Claro, quiero explorar el espacio y saber qué lugar ocupamos en el Universo. Dicho esto, Sara tomó asiento y animó de nuevo a hacer lo mismo a Leo y a Belén.

—TOMEN ASIENTO, PREPARANDO DESPEGUE, FALTAN CINCO MINUTOS PARA EL LANZAMIENTO.

Una voz metálica los sobresaltó.

—Tranquilos, la nave está robotizada, esa que habla es Estela P3 —explicó Sara— y no se puede negociar con ella, así que será mejor que le hagamos caso. Vamos a sentarnos y abrocharnos los cinturones; si no, acabaremos dando botes por la nave. No creo que sea muy agradable.

Justo en el momento en que Belén terminaba de ponerse el cinturón, Estela P3 comenzó la cuenta atrás…

—DIEZ, NUEVE, OCHO, ..., UNO, CERO.

Un estruendo ensordecedor los asustó, Belén apretó con fuerza una patita de Leo. Comenzaban a elevarse a gran velocidad, el parque se alejaba, la ciudad se alejaba, ¡la Tierra se alejaba!

A los pocos minutos se estabilizó la velocidad, estaban orbitando. Sara se soltó el cinturón y comenzó a flotar.

Leo y Belén la imitaron. ¡Qué sensación más placentera la ingravidez! Los tres reían sin parar, hacían piruetas, volteretas...

—Sara, ¿has hecho esto más veces? —preguntó Belén.

—Sí, siempre que voy al parque; al menos dos veces a la semana, pero es difícil encontrar una caja lo suficientemente grande, menos mal que para la imaginación eso no es un gran proble-

ma. —Sonrió—. La semana pasada visité la Luna y sembré unas semillas para ver si crece una planta. Me gusta investigar y hacer experimentos.

—ATENCIÓN: POSIBLE LLUVIA DE METEORITOS APROXIMÁNDOSE. VUELVAN A SUS ASIENTOS —dijo en tono neutro Estela P3.

Sara tuvo que ayudarles a volver a sus asientos, agarró a Belén por un pie y a Leo por la cola; y tirando de ellos logró que se sentaran y se abrochasen de nuevo los cinturones.

El primer meteorito golpeó la nave en un costado, proyectándola a gran velocidad. Pero Estela P3 estaba perfectamente programada, iba sorteando con habilidad la lluvia de piedras.

—PELIGRO INEXISTENTE. VUELTA A LA VELOCIDAD DE CRUCERO.

Al fin podían respirar tranquilos, ¿o no? ¿Por qué en lugar de bajar la velocidad cada vez iban más rápido? De pronto, la nave comenzó a girar sobre sí misma…

—FUERA DE CONTROL, FUERA DE CONT… —dijo en el mismo tono Estela P3.

—¡Oh! ¡Oh! —exclamó Sara—, esto ya me ha pasado antes, Estela P3 está descontrolada y una gran fuerza gravitacional nos está atrayendo hacia ella…

—¿Un agujero negro? —preguntó Leo.

No pudo contestar a su pregunta. Todo se volvió negro, los asientos desaparecieron, la nave también…

Belén seguía agarrando a Leo de la pata, pero no podía oír nada. Estaban cayendo irremediablemente, el miedo la atenazó y cerró los ojos de nuevo.

Los volvió a abrir cuando notó un lametazo de Leo en la cara, estaban en el desván, tumbados sobre una alfombra. Se frotó los ojos.

—Vaya, seguro que lo he soñado todo… —dijo mirando con tristeza al gato—. No puedes hablar, ¿verdad?

—En realidad sí puedo; pero, por favor, sé discreta —dijo sonriendo Leo.

—Ha sido un día increíble, pero ¿dónde está Sara?

—Pues verás, hemos vuelto al año 2023, ella ahora tiene más edad.

—Cuéntame más cosas sobre ella…

—Pues estudió Biotecnología, que consiste en aplicar la tecnología a procesos biológicos, investigando por qué surgen las enfermedades y cómo mejorar y desarrollar nuevos tratamientos. Y desde el año pasado forma parte de la promoción 2022 de la Agencia Espacial Europea (ESA), siendo astronauta de reserva e investigadora, convirtiéndose en la primera mujer española aspirante a astronauta. También trabaja desarrollando fármacos para la cura del cáncer; y es una gran deportista, ha practicado *krav magá* (el arte marcial israelí), submarinismo, paracaidismo…

—¡Alucinante! Entonces… no solo hay que dedicarse a una cosa, ¿verdad? Si te gustan varias puedes probarlas todas…

—Así es, me acabas de recordar a alguien que también fue muy polifacética…

—¿Poli… qué?

CAPÍTULO 9

NIÑA CURIOSA: HEDY LAMARR

—Polifacética, según la RAE, es una persona que tiene la capacidad para realizar varias actividades distintas. No nos da tiempo a viajar a conocerla; pero gracias a su invento te voy a mostrar cosas sobre ella…

—¿Quién es? ¿Qué inventó? —preguntó Belén entusiasmada.

—Acércate al escritorio —dijo Leo, subiéndose a la mesa.

En el desván solía teletrabajar su padre, allí tenía el ordenador. Estaba apagado, pero bastó que Leo aproximara su pata a la pantalla para que comenzase a funcionar. En la imagen se veía a una niña morena paseando por una bonita ciudad.

—Esa niña se llama Hedwig Eva Maria Kiesler; pero más tarde cambió su nombre a Hedy Lamarr. Ahí está paseando por su ciudad, Viena, y tiene nueve años —dijo el gato señalando las imágenes con una pata—. Corre el año 1923 y se dirige a clase de piano.

»Desde muy pequeña destacó por su inteligencia. ¡Hablaba cuatro idiomas y dominaba el piano! Sus profesores les dijeron a sus padres que era una niña superdotada. Unos años después inició sus estudios de ingeniería, pero los dejó temporalmente, aunque los retomaría más tarde, para dedicarse al mundo del cine. Se convirtió en una gran actriz.

—Vaya ¡qué *crack*! Pero ¿qué inventó?

—Pues, entre otras cosas, ¡el wifi! Tuvo que huir de su país y se trasladó a América, donde, aparte de rodar muchas películas, colaboró con el ejército inventando un sistema de detección de torpedos que sería el precursor del wifi, gracias al cual podemos navegar por internet en el desván. ¡Ah!, también se dice que pudo ser espía…

En ese momento, la Hedy niña desapareció de la pantalla, dando paso a una mujer adulta muy bella que comenzó a hablar: «La esperanza y la curiosidad sobre el futuro me parecían mejores que lo seguro del presente. Lo desconocido siempre fue tan atractivo para mí … y todavía lo es».

Cuando finalizó la frase la pantalla se apagó…

—Muy polifacética, sí señor —sentenció Belén.

Leo se desperezó, el día había sido muy intenso… Se lamió las patitas y se acomodó en la mullida alfombra del desván.

Belén trataba de asimilar todo lo que había vivido ese día.

CAPÍTULO 10
TODO TIENE UN PORQUÉ…

—Bueno, va siendo hora de celebrar tu cumpleaños, tus amigos deben estar esperando abajo. A mí me toca estar calladito, así que lo mejor es que me quede durmiendo una siestecita, miauuuuu —dijo el gato bostezando.

—Ha sido una pasada. ¡Cuántas niñas curiosas he conocido!

—Pues eso no es nada, hay cientos, miles, ¡millones! Porque todas las niñas sois curiosas por naturaleza. ¡Que no se te olvide nunca! ¡Y que nadie te diga que no puedes hacer algo! ¡Confía en tu instinto y esfuérzate por conseguirlo!

—Gracias, Leo. ¡Me voy a la fiesta!

Se levantó de un salto y dando un portazo bajó las escaleras de dos en dos.

—¡Papáááá! ¡Mamáááá! Ya sé que quiero ser de mayor. ¡Quiero seguir siendo… curiosa!

CONTINUARÁ… (siempre que tú quieras…).